Bibi & Tina
Tohuwabohu Total

Das Erstlese-Buch zum Film

Bettina Börgerding und Wenka von Mikulicz

ab 6 Jahren

Mit vielen Fotos aus dem Film!

Klett Lerntraining

Bibliografische Information der Deutschen Nationalbibliothek
Die Deutsche Nationalbibliothek verzeichnet diese Publikation in der
Deutschen Nationalbibliografie; detaillierte bibliografische Daten sind
im Internet über http://dnb.dnb.de abrufbar.

Dieses Werk folgt der neuen Rechtschreibung und Zeichensetzung.

„Hexspruch" ist ein Begriff aus der Welt von Bibi Blocksberg.

2. Auflage 2017

© 2017 BIBI & TINA – TOHUWABOHU TOTAL / DCM
Artwork: © 2017 BIBI & TINA – TOHUWABOHU TOTAL / DCM / Ivo Gadea, Die Goldkinder
Fotos: © 2017 BIBI & TINA – TOHUWABOHU TOTAL / DCM / Andreas Schlieter

© 2017 KIDDINX Studios GmbH, Berlin
Redaktion: Gabriele Salomon
Lizenz durch KIDDINX Media GmbH
Lahnstraße 21, 12055 Berlin

Bibi & Tina ist eine eingetragene Marke der KIDDINX Studios GmbH

© PONS GmbH, Stöckachstraße 11, 70190 Stuttgart 2017. Alle Rechte vorbehalten.
www.klett-lerntraining.de
Redaktion: Sandra Meyer
Umschlaggestaltung und Layout: Sabine Kaufmann, Stuttgart

Autorinnen: Bettina Börgerding, Wenka von Mikulicz

Satz: tebitron gmbh, Gerlingen
Druck: Aumüller Druck GmbH & Co. KG, Regensburg
Bindung: Conzella Verlagsbuchbinderei Urban Meister GmbH & Co KG, Pfarrkirchen
Printed in Germany
ISBN 978-3-12-949509-4

Inhalt

Der Suppendieb	6
Wie aus einer anderen Welt	13
In Sicherheit	17
Der verheimlicht uns doch etwas	20
Schnell weg!	24
Die Wahrheit	29
Versprochen	33
Bibis Trick	37
Wir schaffen das	42
Ungebetene Gäste	45
Jetzt gibt's Ärger!	48
Irgendetwas stimmt hier nicht	52
Adeas Wunsch	57
Freunde halten zusammen	61
Reise nach Albanien	63
Gute Nachricht	68
Tohuwabohu total	72
Die Autorinnen	74

Der Suppendieb

Tina Martin sitzt am Ufer eines breiten Flusses und angelt. Ihre Freundin Bibi Blocksberg döst ein wenig. Sie hat ihre Angel zwischen zwei Steine geklemmt. „Wie willst du einen Fisch fangen, wenn du schläfst?", fragt Tina lächelnd.

Bibi zuckt schläfrig mit den Schultern. „Irgendwann wird schon ein Fisch anbeißen", murmelt sie entspannt.

Die beiden Freundinnen haben Ferien. Wie immer verbringen sie die freien Tage mit ihren liebsten Pferden Amadeus und Sabrina. Diesmal machen sie für ein paar Tage Reitwandern. Schlafen unter offenem Sternenhimmel. Herrlich!

Tinas Freund Alexander von Falkenstein ist mit seinem neuen Kanu unterwegs. Eigentlich wollen sie sich hier am Ufer treffen. Doch Tina gibt langsam die Hoffnung auf. „Ob Alex noch eintreffen wird?", denkt sie zweifelnd.
Da zuckt im Wasser die Schnur von Bibis Angel. Schnell zieht Tina sie heraus. Doch es ist wieder nur ein leerer Haken.

Etwas entfernt grasen Amadeus und Sabrina. Dort köchelt auch eine Suppe auf einem kleinen Kocher. Aber richtig lecker ist die nicht!
Plötzlich knackt es im Unterholz. Bibi schreckt hoch. Auch Tina schaut sich um. Amadeus und Sabrina wiehern aufgeregt.
„Da stimmt doch etwas nicht!", flüstert Tina.

Bibi nickt: „Da ist jemand!" Leise schleichen sie zu ihren Pferden.

Tatsächlich! Da steht ein Junge in einer alten Hose und einer Mütze auf dem Kopf. Er hat sich den Topf mit der Suppe geschnappt und will eilig davonlaufen.

„Halt!", platzt es aus Bibi heraus.
Mit erhobenen Armen stellen sich die
Mädchen ihm in den Weg.

Tina fragt ihn: „Hast du solchen Hunger?"
Der Junge stammelt ängstlich: *„Nicht so gut verstehen."*
Kurz entschlossen hebt Bibi ihre Arme und
hext: „Eene meene kleine Brache,
du sprichst jetzt unsre Sprache. Hex-hex!"
Verwundert starrt der Junge sie an: „Ich
sprech' jetzt richtig Deutsch?"
Er kann es kaum fassen. Deutschland ist ein
unglaubliches Land.

Hier gibt es sogar Hexen! Er hält den Suppentopf immer noch in den Händen.
Tina fordert ihn auf: „Iss ruhig!"
Sie setzen sich an die Feuerstelle. Erfreut macht sich der Junge über die Suppe her.
„Wo kommst du eigentlich her?", fragt Bibi ihn.
„Syrien", antwortet der Junge mit vollem Mund.
„Und du bist ganz allein unterwegs?", will Bibi wissen.
Der Junge nickt. „Bei uns ist immer noch Krieg ... und ich ..."
Es fällt ihm schwer, weiterzusprechen.
Das können die beiden Mädchen gut verstehen.

In Syrien herrscht seit Jahren Krieg. Millionen Menschen sind deswegen auf der Flucht. Sie sind auf der Suche nach einer neuen sicheren Heimat.

„Hey, schon gut. Wenn du willst, dann können wir dich ein Stück mitnehmen", schlägt Bibi mitfühlend vor.

Tina nickt. „In Falkenstein kann man dir bestimmt weiterhelfen. Wie heißt du denn eigentlich?"

„Ich bin ...", der Junge stockt.

Sein Blick fällt auf die kleine Lampe, die Bibi und Tina bei ihren Pferden abgestellt haben.

„... Aladin!", antwortet er.

Er heißt wie der Junge mit der Wunderlampe aus dem Märchen!

Anscheinend will er seinen richtigen Namen nicht verraten.
Dann fragt er: „Und wer seid ihr?"
„Wer wir sind?", lächeln die beiden Mädchen sich an.
Um Aladin ein bisschen aufzumuntern, fangen sie an zu singen:
„Wir sind Bibi und Tina
auf Amadeus und Sabrina,
wir jagen im Wind,
wir reiten geschwind,
weil wir Freunde sind!"

Wie aus einer anderen Welt

Nach dem Essen räumen die Mädchen alles wieder in Amadeus' und Sabrinas Satteltaschen. Aladin steigt zu Tina aufs Pferd. Gemeinsam reiten sie los.
Doch weit kommen sie nicht. Plötzlich stellen sich ihnen zwei Männer in den Weg.
„Hey! Stehenbleiben!", rufen sie ihnen zu.

Der Lockenkopf steht schüchtern neben dem Auto. Und der andere mit dem breiten Grinsen winkt ihnen fröhlich zu. Neugierig versuchen sie zu erkennen, wer hinter Tina auf dem Pferd sitzt.
Aladin ruft erschrocken: „Los, weiter!"
Er gibt Amadeus einen Klaps auf den Po. Das Pferd galoppiert an den beiden Männern vorbei. Überrascht reitet auch Bibi auf Sabrina los.

Die Männer steigen eilig in einen alten Wagen mit fremdem Kennzeichen ein. Auf der Rückbank sitzt ein älterer Mann. Er heißt Addi. Er ist der Vater des Lockenkopfs Luan und des grinsenden Ardonis.
„Nichtsnutze!", knurrt er wütend.
Luan ruft verzweifelt: „Aber Papa, sie sind einfach weiter. Was sollen wir tun?"
Ardonis streicht sich durch die Haare:

„Keine Sorge, Papa, wir kriegen sie!"
Luan gibt kräftig Gas. Die Männer
kommen den beiden Pferden immer näher.
Plötzlich taucht vor ihnen ein großes
Wasserloch auf.
Bibi und Tina können schnell nach rechts
und links ausweichen.
Doch die drei Männer fahren mitten hinein.
Hoppla! Erschrocken schreien sie auf.
Sie stecken fest und kommen nicht wieder
heraus!

Das war knapp. Bibi, Tina und Aladin sind sehr erleichtert, weil die Verfolger gestoppt wurden.

„Wer war das?", fragt Bibi.

Aladin zuckt mit den Schultern: „Weiß nicht!"

Tina sieht ihn misstrauisch an: „Und warum hast du dann solche Angst vor ihnen?"

„Man hält doch nicht an, wenn sich einem solche Männer in den Weg stellen, oder?", stottert der Junge unsicher.

„Okay. Bleiben wir also vorsichtig", überlegt Bibi.

Tina nickt.

Die drei reiten weiter in der Abendsonne. Sie brauchen dringend einen sicheren Ort zum Übernachten.

In Sicherheit

Schon bald wird es dunkel. Da entdecken sie zum Glück eine Scheune.
Bibi, Tina und Aladin steigen von ihren Pferden ab und schauen sich vorsichtig um. Dann treten sie leise durch das hintere Tor ein.
Die Scheune scheint leer zu sein. Mit einem Mal aber hören sie ein Rascheln. Das vordere Scheunentor knarrt, und jemand tritt ein.

Aladin schreit erschrocken auf. Doch es sind nicht die Verfolger aus dem Wagen. Es ist ein netter Bauer. In den Händen hält er

Decken und etwas zu essen. Erstaunt schaut er Bibi, Tina und Aladin an. „Hallo! Was macht ihr denn hier?", fragt er überrascht.
Bibi, Tina und Aladin stellen sich vor. Als Aladin seine Heimat Syrien erwähnt, horcht der Bauer auf: „So ein Zufall! Sinan und Karim kommen auch aus Syrien!"
Hinter den Strohballen tauchen ein ernster junger Mann und ein verschmitzt grinsender Junge auf.

Die beiden sind Brüder. Erfreut begrüßt der Junge Aladin auf Arabisch. Doch Aladin nickt nur nervös und zieht seine Mütze tief ins Gesicht.

Der Bauer versteht, warum Aladin und die anderen in seiner Scheune Schutz suchen:
„In Syrien wird man schon als Jugendlicher zum Militär und in den Krieg geschickt. Da würde ich auch schnell weglaufen."
Er reicht allen Decken und etwas zu essen.
„Dann macht es euch mal gemütlich!", verabschiedet er sich.

Der verheimlicht uns doch etwas

Karim und Sinan essen und unterhalten sich leise über Aladin. Der Junge hat sich allein auf dem Heuboden verkrochen.

Bibi und Tina striegeln Amadeus und Sabrina. Auch sie reden leise miteinander. Bibi macht sich Gedanken:
„Tina, findest du es nicht auch komisch?

Aladin spricht überhaupt nicht mit den beiden. Sie kommen doch aus demselben Land."

In diesem Augenblick kommt Karim zu ihnen und bewundert ihre Pferde:

„Ihr seid ja ein hübsches Paar."

Amadeus und Sabrina wiehern zufrieden.

„Warum sprecht ihr so gut Deutsch?", fragt Tina die beiden Brüder.

„Privatschule. Unser Vater liebt Deutschland", antwortet Sinan.

„Und warum seid ihr dann hier auf dem Hof?", will Bibi wissen.

„Zwischenstopp", erwidert Karim.

Sein großer Bruder nickt zustimmend:

„Man wollte uns in ein Dorf im Bayerischen Wald schicken. Aber wir wollen in die Hauptstadt, damit ich dort Architektur studieren kann."

Karim hat seinen eigenen Plan:

„Ich will später Syrische Araber züchten.

Das sind die schönsten Pferde der Welt, so schön wie mein Pferd Saruk!"
„Du hast ein Pferd? Wer kümmert sich jetzt darum?", fragt Tina überrascht.
Sinan antwortet traurig:
„Sie haben unser Haus zerstört und Saruk mitgenommen."
Die beiden Mädchen schweigen betroffen.

Bibi wird es unheimlich. Sie denkt: „Wenn man uns Amadeus und Sabrina einfach so wegnehmen würde. Wie schrecklich wäre das!"

Endlich kehrt Ruhe in der Scheune ein. Aladin schläft unruhig. Bibi und Tina sind noch wach. Das war ein abenteuerlicher Tag.

„Stell dir mal vor!", flüstert Tina. „Von einem Tag auf den anderen ist plötzlich alles anders. Krieg, Leid, Zerstörung …"

Bibi nickt nachdenklich: „Manche Menschen sagen etwas, das einem anderen nicht passt. Und dann müssen sie aus ihrem Land flüchten."

Tina muss nun doch ein bisschen grinsen: „Das wäre das Schlimmste für dich, wenn du den Mund halten müsstest."

Bibi grinst auch kurz.

Dann fügt sie an: „Aber Aladin verheimlicht uns doch etwas!"

Ihre Freundin nickt. Irgendetwas stimmt nicht mit ihm.

Schnell weg!

Am nächsten Morgen wird Aladin von den Geräuschen eines Motors geweckt. Schnell läuft er zur Wand des Heubodens. Er schaut durch einen schmalen Schlitz nach draußen. Dort tuckert der Traktor des Bauern auf den Hof. Dahinter folgt der alte Wagen mit Addi und seinen Söhnen.

Der Bauer hat auf dem Weg zu seinen Feldern den festgefahrenen Wagen der drei Männer entdeckt. Er hat auch ihnen geholfen und sie herausgezogen.

Erschrocken ruft Aladin zu Bibi und Tina, die noch gemütlich im Heu schlummern: „Bibi! Tina! Aufwachen! Wir müssen weg!"
„Was ... ist denn los?", sagt Bibi verschlafen. Verwirrt richten sich die beiden Mädchen auf.
Aladin hat Angst: „Sie sind wieder da!"

Bibi und Tina treten zu ihm. Sie sehen nun auch das alte Auto auf dem Hof.

Bibi wirft Aladin einen bohrenden Blick zu: „Aber wer sind sie?"
Aladin verschränkt trotzig seine Arme: „Okay. Ich bin ihnen schon mal auf der Flucht begegnet."
Hastig plappert er: „Aber ich habe keine Ahnung, was die von mir wollen!"

Der alte Addi steigt aus und geht mit seinen Söhnen zum Bauern. Er holt ein Foto aus seiner Jackentasche und hält es ihm unter die Nase: *„Kennst du?"*
Auf dem Foto ist ein Mädchen mit langen Haaren abgebildet. Es erinnert den Bauern an den syrischen Jungen, der in seiner Scheune schläft. Aber er vertraut diesen seltsamen Männern lieber nicht.

Deshalb antwortet er: „Sie erinnert mich ein bisschen an die Kleine ... vom Heinrich. Wie heißt sie nochmal ... Celina!"
Doch Addi glaubt ihm nicht.
Er fragt: *„Was hast du in Scheune?"*

Drinnen steigen Bibi, Tina und Aladin eilig die Leiter hinab.
Karim und Sinan bitten sie: „Können wir mitkommen?"
Das scheint Aladin gar nicht recht zu sein. Außerdem haben sie doch nur zwei Pferde!
Doch Bibi hebt ihre Arme und hext:
„Eene meene steile Rutsche,
her mit einer schnellen Kutsche. Hex-hex!"
Mit einem Mal sind Amadeus und Sabrina vor eine Kutsche gespannt. Sie hat Platz genug für alle.

Den beiden Brüdern fallen fast die Augen aus dem Kopf.

Tina grinst und erklärt: „Bibi ist eine Hexe, aber ansonsten total harmlos."

Draußen geht Addi nun auf die Scheune zu. Er öffnet das vordere Tor und schaut hinein. Alles ist leer! Addi knurrt wütend. Langsam geht ihm diese Suche nach dem Mädchen auf die Nerven. Zum Glück hat er Familie in Deutschland. Zusammen mit seinen Söhnen will er seinen Neffen Valentin treffen. Er muss ihnen helfen!

Die Wahrheit

Die Kutsche mit den Kindern rast eilig vom Hof. Nach ein paar Kilometern sind Bibi und Tina sich sicher: Sie sind unentdeckt entkommen.
Plötzlich sinkt ihre Kutsche ein Stück zu Boden.
„Au Backe!", ruft Bibi.
Ihr Hexspruch löst sich wieder auf! Schon in der nächsten Sekunde ist die ganze Kutsche verschwunden. Alle schreien erschrocken auf und purzeln in den Staub.

Zum Glück ist ihnen nichts Schlimmes passiert. Auch den Pferden geht es gut. Doch bei dem Sturz ist etwas Seltsames aus Aladins Hose gerutscht. Erstaunt hält Bibi es in die Höhe. Es ist eine alte pelzige Hasenpfote.

Aladin steht erschrocken auf und rennt davon. Bibi folgt dem Jungen hinunter zum Fluss. Behutsam spricht sie ihn an: „Warum bist du weggelaufen? Und was ist das?" Sie gibt ihm die alte Hasenpfote. Aladin erwidert trotzig: „Na, das ist eigentlich hierfür …"

Er deutet auf seinen Hosenschlitz.

Bibi hat keine Ahnung, was er ihr damit

sagen will: „Wofür?"

„Na, damit ich da unten wie ein Junge

aussehe!", erklärt er mutig.

„Verdammt, ich bin ein Mädchen!"

Das ist also das große Geheimnis! Aladin

ist eigentlich ein Mädchen!

„Unterwegs ist es als Mädchen viel

schwieriger. Und wenn ich schon mal bei

den Lügen bin: Ich komme nicht aus

Syrien. Ich komme aus Nord-Albanien, aus

Oroshi. Das liegt in den Bergen. Dort sind

manche noch so altmodisch, vor allem mein

Onkel. Meine Eltern leben nicht mehr.

Mein Onkel hat mich von der Schule

genommen, weil ich auf dem Hof meines

späteren Mannes arbeiten soll."

Trotzig sieht das albanische Mädchen Bibi

an: „Aber ich kenn' ihn nicht richtig, und

erst recht liebe ich ihn nicht!

Ich will studieren und Ärztin werden!"
„Augenblick mal ...", unterbricht Bibi.
Doch das Mädchen lässt sich nicht stoppen: „Ich heiße nicht Aladin wie der Geist aus der Lampe! Wie bescheuert ist das denn? Adea, das ist mein Name!"
Bibi räuspert sich: „Und diese Männer, die uns verfolgt haben?"
Adea nickt: „Das sind mein Onkel Addi und meine Cousins."

Versprochen

Nun ziehen alle zu Fuß weiter. Es geht am Fluss entlang nach Falkenstein.

Adea sagt lange Zeit nichts.

Dann schlägt sie mutlos vor:

„Vielleicht geht ihr lieber ohne mich weiter!"

Doch Bibi widerspricht: „Kommt gar nicht in Frage. Wir bleiben zusammen."

Adea lächelt dankbar: „Versprochen?"

Bibi und Tina nicken und umarmen sie:
„Wir lassen dich nicht im Stich!"

Als sie um die nächste Ecke biegen,
weiten sich Tinas Augen. Am Ufer
entdeckt sie ihren Freund Alex. Er ist nass
und trägt ein Tuch über den Schultern.
Neben ihm steht ein bunter Bus, der ein paar
Musikern gehört. Sie holen gerade ihre
Instrumente heraus.
„Alex!", jubelt Tina. Sie fallen sich in die
Arme. Was wohl passiert ist?
„Ich bin mit dem Kanu umgekippt. Sie
haben mich rausgefischt!", erklärt Alex.
„Wer sind sie?", hakt Bibi nach.
„Geniale Musiker aus Mali. Sie machen
hier eine Reise durch Europa für den
Frieden", antwortet Alex.
Die Musiker begrüßen sie in
verschiedenen Sprachen: „Hello! Hallo! …"

Alex ist begeistert: „Ich nehm' sie mit aufs Schloss. Dort geben sie dann ein riesiges Konzert für die Falkensteiner Kids!"

„Oh, das wird dein Vater bestimmt super finden", antwortet Tina wenig überzeugt. Das Schloss wird gerade umgebaut. Das überfordert Graf Falko von Falkenstein sowieso schon.

Alex zeigt auf Adea, Karim und Sinan. „Aber ihr seid ja auch nicht mehr allein." Schnell stellt Bibi ihre Mitreisenden vor. Dann fangen die Musiker an zu spielen. Jetzt ist erst einmal Entspannung angesagt.

Bibis Trick

Die Sonne steht schon tief. Plötzlich entdeckt Bibi oben auf dem Deich zwei Autos: Addis alten Wagen und einen schicken offenen Geländewagen.
Oh, nein! Diese Idioten haben sie erneut aufgespürt! Offenbar haben sie sich Verstärkung gesucht. Aus dem Geländewagen steigt gerade ein modisch gekleideter junger Mann.
Schnell zieht Bibi Tina und Adea hinter den Bus. Die beiden Mädchen wundern sich, warum Bibi sie so lange ansieht.
„Passt!", findet Bibi und hext:
„Eene meene bunter Rausch,
nix besser als ein Kleidertausch! Hex-hex!"
Plötzlich steht Tina in Adeas Klamotten vor Bibi. Umgekehrt trägt Adea Tinas Kleider. Sofort teilt Bibi allen ihren Plan mit.

Bibi und die verkleidete Tina sollen die Männer ablenken. Dann kann Alex mit Adea und den anderen zum Schloss fahren.

Schon preschen Bibi und Tina auf ihren Pferden hinter dem Bus hervor.
Ihr Plan geht auf. Addi hält Tina für seine Nichte Adea. Zusammen mit seinen Söhnen und seinem Neffen Valentin nimmt er die Verfolgung auf. Es geht holterdiepolter über ein Stoppelfeld.

Bibi und Tina hängen sie immer wieder gekonnt ab. So dauert es lang, bis die Männer sie einholen und einkreisen können.

Ardonis ruft siegessicher: „Hallo, Adea!"

Tina schaut ihn überrascht an: „Äh ... hey ...!"

„Kennen wir uns?", will Bibi wissen.

Jetzt begreifen die Männer: Sie wurden an der Nase herumgeführt.

Ardonis geht wütend auf Tina zu und fragt: „Wo ist Adea?"

Auch Luan tritt näher.

Dem coolen Valentin ist das Verhalten seiner albanischen Cousins wirklich unangenehm. Am liebsten würde er ihnen nicht mehr helfen.

Schnell versucht er, alle zu beruhigen: „Alles cool hier! Das war eine Verwechslung. Meine Cousins regen sich manchmal zu schnell auf."

Zu Bibis und Tinas Verwunderung streichelt er ihre Pferde.

„Ich liebe Pferde. Wunderschön!"
Dabei heftet er unbemerkt ein kleines Mikrofon an Amadeus' Sattel.
Bibi und Tina wundern sich über die plötzliche Freundlichkeit. Aber besser als vorher ist es so allemal. Schnell reiten sie davon.
Luan und Ardonis sind sauer auf Valentin. Auch Addi schreit durchs Autofenster:
„Was bist du? Fauler Apfel?"
„Alles gut! Hört her!", sagt Valentin. Lässig hält er sein schickes Telefon in die Höhe. Aus diesem sind die Stimmen von Bibi und Tina zu hören.

„Schon komisch, dass sie uns so einfach gehen lassen", klingt Bibis Stimme aus dem Lautsprecher.

Dann hören sie Tina: „Hauptsache, sie folgen uns nicht nach Falkenstein."

„Oh, oh … Ich seh' schon Alex' Vater vor mir, wenn wir alle zum Schloss kommen", stellt sich Bibi vor.

Luan und Ardonis lauschen mit offenem Mund.

Valentin erklärt: „Babyphone-App! Habe ich selbst entwickelt!"

Mit der App hat er schon viel Geld verdient.

Luan und Ardonis bewundern ihren coolen Cousin sowieso. Aber das haben sie nicht erwartet. Selbst Addi ist ein wenig beeindruckt. Jetzt wissen sie auf jeden Fall, wo sie hinmüssen: zum Schloss Falkenstein. Dort werden sie Adea finden und schnappen, egal wie.

Wir schaffen das

Bibi und Tina reiten auf den Hof von Schloss Falkenstein. Alex ist mit den Musikern, Adea, Sinan und Karim bereits eingetroffen.
Graf Falko ist das alles viel zu viel.
Eben noch hatte er ein sehr unerfreuliches Gespräch mit dem Bau-Unternehmer.
Denn die Kosten für den Umbau an seinem Schloss werden immer höher.

Und jetzt auch noch dieses Tohuwabohu!
Doch Dagobert, der Diener, sagt: „Wir
schaffen das!"
Auch Alex findet, dass es im Schloss
seines Vaters genug Platz für alle gibt.
Er verteilt Decken. Dann zeigt er jedem Gast,
wo er schlafen kann.

Immer mehr Falkensteiner Kinder strömen
zu dem Konzert auf den Hof.
Auch Tinas Bruder
Holger und ein ganz
besonderer Gast
kommen: Tarik Schmüll!
Er ist Bibis fester
Freund. Jubelnd fällt sie
ihm um den Hals.
Endlich sehen sie sich
wieder!

„Nicht auch noch der!", ruft Graf Falko verzweifelt.

Dagobert jedoch findet alles ganz erfrischend: „Schön, dass den Falkensteiner Kindern mal etwas geboten wird!"

Falko seufzt tief und sagt mutlos: „Dagobert! Nein, wir schaffen das nicht."

Ungebetene Gäste

Vor dem Schloss lauern die Verfolger. Der alte Addi hat einen Plan. Wenn es dunkel wird, sollen seine Söhne und sein Neffe Adea entführen.

Dabei will Valentin aber nicht mehr mitmachen. Er redet auf seinen Onkel ein: „Warum lässt du Adea nicht weiter zur Schule gehen? Andere albanische Mädchen gehen auch länger zur Schule. Man bekommt dann bessere Jobs und verdient mehr Geld!"

Onkel Addi aber ändert seine Meinung nicht.

Valentin reicht es nun. Er fährt davon. Dann sollen sie ihren Quatsch doch alleine machen!

Also schickt Addi Luan und Ardonis allein ins Schloss.

Vom Torbogen aus beobachten sie das bunte Treiben auf dem Hof. Mittendrin ist Adea. Das sind zu viele Menschen. So wird es schwierig, Adea zu entführen.

Tina möchte in einer ruhigen Ecke mit ihrer Mutter telefonieren.

Sie nähert sich Luan und Ardonis. Plötzlich
hat Ardonis eine Idee: „Wir können tauschen!
Rothaariges Mädchen gegen Adea!"
Da stülpt Luan auch schon von hinten
einen Sack über Tina.
Sie tritt um sich und schreit wütend: „Lasst
mich sofort los, ihr Idioten!"
Sie kann die Männer aber nicht aufhalten.
Eilig tragen sie das zappelnde Mädchen
vom Hof.

Jetzt gibt's Ärger!

Bibi wundert sich: „Tina wollte doch nur kurz telefonieren. Wo steckt sie nur?"
Sie sucht am Torbogen, im Schloss und auf dem Hof. Aber es gibt keine Spur von Tina! Auch Alex weiß nicht, wo sie ist. Inzwischen ist es schon dunkel geworden. Da geht das Tor auf. Addi tritt auf den Schlosshof. Erstaunt starren alle ihn an.

Adea ruft erschrocken: „Jetzt ist alles aus!"

„Nichts ist aus!", sagt Bibi mutig und marschiert los. „Jetzt geht's erst richtig los!"

Tarik springt sofort auf, um ihr beizustehen. Auch Alex folgt Bibi.

Addi fragt sie: „*Sucht ihr rothaarige Mädchen?*"

Alex wird blass. Bibi japst nach Luft.

Addi grinst: „*Kein Ärger. Nur Vorschlag.*"

Er zeigt auf seine Nichte: „*Erst kommt Adea mit mir und dann rothaarige Mädchen zu euch zurück.*"

Jetzt platzt es aus Alex raus: „Wo ist Tina? Jetzt sagen Sie schon!"

Doch Addi denkt nicht daran, aufzugeben und meint: „*Erst Adea, dann rothaarige Mädchen. Und kein Ärger! Keine Polizei! Sonst noch mehr Ärger, kapiert?*"

Damit ist für ihn alles erklärt.
Er verschwindet wieder im Dunkeln.
Alex will ihm folgen: „Na, warte …"
Doch Bibi hält ihn zurück: „Alex, die werden Tina schon nichts tun!"
Das glaubt Adea auch. Dennoch weiß sie nicht mehr weiter. Sie überlegt traurig: „Onkel Addi lässt nicht locker, bis sie mich wiederhaben. Das hört nie auf."
„Und ob das aufhört!", widerspricht Bibi grimmig. „Wir werden sie finden, ich kann hexen!"
Dann sagt sie zu Alex: „Du hast doch bestimmt irgendetwas von Tina hier!"
Alex nickt und rennt ins Schloss.
Für Tarik hat Bibi ebenfalls eine Aufgabe: „Und du passt auf Adea auf!"

Frau Martin verteilt später fröhlich Butterkuchen an alle. Tarik und Adea verraten natürlich nichts von dem Abenteuer um Tina.

Irgendetwas stimmt hier nicht

Bibi wartet ungeduldig mit Sabrina und Maharadscha vor dem Schloss. Endlich kommt Alex zu ihr gelaufen. Er drückt ihr eine kleine lustige Puppe mit roten Haaren in die Hand.
„Was ist das?", fragt Bibi überrascht.
Alex wird rot und erklärt: „Ein Kümmerlein! Wenn Tina nicht da ist, ... dass ich an sie denke!"
Bibi grinst: „Naja, wenn's hilft!"
Und irgendwie ist das auch sehr süß.
Schon beginnt sie zu hexen:
„Eene meene schlaue List,
Licht zeig' uns, wo Tina ist. Hex-hex!"
.

Mit einem Mal blinkt vor ihnen eine Lichtkugel auf. Dann saust sie los, um ihnen den Weg zu Tina zu zeigen.
„Hü, Sabrina!" Bibi reitet eilig los.
Alex folgt ihr entschlossen: „Schneller, Maharadscha!"
Die beiden galoppieren der Lichtkugel hinterher. Es geht tief in den Falkensteiner Forst hinein.

Das Licht führt sie zu einer dunklen Hütte mitten im Wald. Bibi und Alex stoppen ihre Pferde und sehen vorsichtig hinüber.

Dort ist alles merkwürdig ruhig und menschenleer.

„Die Spur hört hier auf. Tina muss hier sein!", flüstert Bibi überzeugt.

Vorsichtig schleicht Alex zum Eingang der Hütte. Er entriegelt die Tür und tritt ein. Plötzlich hört er ein lautes „Ha!"

Erschrocken schreit er auf. Hinter der Tür
steht Tina. In der Hand hält sie eine
Holzlatte, um sich zu verteidigen.
Doch Alex' Schrei hält sie zum Glück auf.
Sie ruft erleichtert: „Alex? Endlich!"
Die beiden fallen sich in die Arme. Jetzt
kommt auch Bibi dazu und umarmt
glücklich ihre Freundin.
Dann löst sich Tina schnell wieder: „Jetzt
können die Idioten aber etwas erleben!"
Wütend schnappt sie sich erneut die Latte
und rennt hinaus.
Alex sieht ihr verdutzt hinterher:
„Äh … Tina?"
Tina steht vor der Tür und brüllt: „Hey, wo
seid ihr?"
Doch sie bekommt keine Antwort.
Niemand ist zu sehen. Verwundert lässt
Tina die Latte sinken.

Warum sind ihre Entführer plötzlich verschwunden? Hier stimmt doch etwas nicht …

Adeas Wunsch

Bibi reitet eilig durch die Nacht.
Sie feuert ihr Pferd an: „Hü, Sabrina! Schneller!"
Alex und Tina folgen ihr auf Maharadscha zum Schloss.

Graf Falko erwartet sie schon. Neben ihm steht Frau Martin und sagt: „Da seid ihr ja! Vom Butterkuchen ist nicht mehr viel übrig. Eure neuen Freunde hatten ziemlich großen Appetit!"
Tina verdreht die Augen. Als ob es hier um Butterkuchen ginge!
Bibi fragt alarmiert: „Was ist los?"
Denn auch Sinan, Karim und Tarik sind da.
Ihr Freund hat einen Zettel in der Hand.
Er sieht sehr unglücklich aus.

Bibi nimmt den Zettel und liest:
„Seid mir nicht böse. Aber es war ein Fehler, abzuhauen. Mein Platz soll wohl doch in Albanien sein. Bitte versucht nicht, mich aufzuhalten. Ich werde euch nie vergessen. Ihr seid tolle Freunde, Adea."

Adea ist also freiwillig zu ihrem Onkel zurückgekehrt. Wahrscheinlich ist sie schon wieder auf dem Weg nach Albanien!

Tarik verteidigt sich: „Sie musste mal. Sollte ich da etwa mit? Ich war mir sicher, sie kommt zurück."

Graf Falko räuspert sich: „Nun, ich bin ehrlich gesagt erleichtert. Einfach wegzulaufen von zu Hause! Sinan hat mir alles erzählt."

Alex wirft Sinan einen scharfen Blick zu und zischt: „Was bist du denn für ein Schleimer!"

Bibi ist das gerade ziemlich egal. Sie denkt genau wie Tina nur an Adea.

„Sie schreibt das doch nur, damit wir uns keine Sorgen machen!", vermutet Bibi.

Tina ballt ihre Faust: „Ja, los, wir müssen hinterher!"

Frau Martin sieht ihre Tochter erstaunt an: „Tina! Sie hat geschrieben, dass ihr sie nicht aufhalten sollt. Das ist ihr Wunsch!"

Damit ist das Gespräch für sie und auch für Graf Falko beendet.

Freunde halten zusammen

Bibi kann in der Nacht kaum schlafen. Sie hat doch Adea versprochen, dass sie ihr hilft. Nachdenklich geht sie am Morgen nach draußen. Sie blickt über das weite Tal.
Da kommt Tarik zu ihr: „Ich weiß, worüber du nachdenkst. Wir müssen zu Adea."
Tina und Alex denken dasselbe.
Die vier Freunde treffen sich an der großen Treppe. Alle nicken sich stumm zu. Sie sind dabei!
Bibi lächelt dankbar. Auf ihre Freunde kann sie sich einfach immer verlassen.

Reise nach Albanien

Dann hext Bibi die ganze Truppe in das albanische Dorf.
Die vier Freunde landen im Norden der albanischen Berge.
Ein paar Kinder führen sie zu Addis Haus.
Im Garten ist ein großer Tisch aufgebaut.
Viele Gäste haben sich dort versammelt.
Neben Adea erkennen sie ihren Verlobten.
Er ist viel älter.

Gerade schiebt er sich jede Menge Süßigkeiten in den Mund.
Adea scheint sich an seiner Seite sehr unwohl zu fühlen.
Tarik schleicht sich von hinten an das Haus heran. Bibi, Tina und Alex gehen entschlossen auf die Hochzeitsgäste zu. Adea freut sich sehr, ihre Freunde wiederzusehen. Doch Addi, Ardonis und Luan sind richtig genervt.

Tina ruft wütend: „Adea gehört in die Schule!"
Bibi nickt: „Und wenn sie das nicht darf, nehmen wir sie einfach wieder mit!"
Alex stoppt Bibi und Tina: „Besser wir verhandeln höflich!"
Und genau das tut er dann. So erfährt er: Addi hat von der Familie des Verlobten Schafe für seine Nichte bekommen.
Alex bietet Addi sogar mehr Schafe an.
Addi lässt sich aber nicht darauf ein.
Bibi hext schließlich dreihundert Schafe auf die Wiese. Doch Addi schüttelt stur den Kopf.
Aber wer hätte das gedacht? Adeas Verlobter ist bereit, mit Alex zu verhandeln. Alle schauen ihn erstaunt an. Vielleicht will er gar nicht heiraten, jedenfalls nicht Adea.
Bibi ahnt warum: „Du liebst eine andere, oder?"

Addi bekommt einen Wutanfall.
Er schickt Adeas Verlobten und dessen Familie vom Hof:
„Dann geh! Aber Adea trotzdem nix Schule!"
Er lässt sich doch nicht auf der Nase herumtanzen!
Das macht Bibi wütend. Sie verhext Addi in einen Eisklotz.
Dann hext sie ihn zur Frau, damit er auch mal den Tisch abdeckt!
Zuletzt verwandelt sie ihn sogar in einen Schafbock.
Denn der ist genauso stur.

Luan redet auf den Schafbock ein.
Doch Addi blökt nur: *„Deine Hexerei hilft nix!"*
Schließlich wird er wieder der alte
Griesgram.

Adea schüttelt mutlos den Kopf: „Ich habe
doch gesagt, dass das nie aufhören wird."
Traurig verschwindet sie ins Haus.
Doch was ist das?
In der Küche ist Tarik. Er legt den Finger
auf den Mund: „Pssst!"
Was will er ihr sagen?

Gute Nachricht

Bibi, Tina und Alex laufen bedrückt vom Hof.
„Na ja. Jedenfalls muss sie den Mann nicht mehr heiraten", findet Alex.
Tina nickt: „Vielleicht begreifen es diese Sturköpfe ja auch irgendwann einmal."
Bibi scheint nicht daran zu glauben.

Tatsächlich aber kommt es so. Der Streit wegen Adea hat Luan und Ardonis zum Nachdenken gebracht. Nun endlich sprechen sie ein ernstes Wort mit ihrem Vater.

„Papa. Jetzt ist alles viel schlechter! Alles ist weg!", meint Ardonis betrübt.

Luan findet das auch: „Ehemann weg, Schafe weg, Adea unglücklich. Das war nicht richtig, Papa!"

Wütend fährt ihr Vater sie an: *„Seid ruhig!"* Damit ist die Sache für ihn erledigt.

Doch zum ersten Mal widersprechen Luan und Ardonis ihm: „Das reicht, Papa. Du musst auch dazulernen. Adea soll weiter zur Schule gehen!"

Addi wird ruhig und denkt nach.

Er versteht: Er muss seine Söhne und Adeas Wunsch beachten. Endlich gibt er nach.

Luan und Ardonis freuen sich über die Versöhnung. Dann laufen sie los.
Schnell holen die beiden Brüder Bibi, Tina und Alex ein. Natürlich sind die drei Freunde glücklich über die gute Neuigkeit.

Aber wo ist Adea? Sie scheint spurlos verschwunden zu sein. Doch da entdeckt Tina sie oben auf einem Hügel. Adea will mit Tarik weglaufen.
Ihre Cousins rufen ihr aus der Ferne etwas zu. Hat sie sich verhört?

„Ich darf weiter zur Schule gehen?",
flüstert sie und glaubt es kaum.
Dann strahlt sie und ruft laut: „Ich darf
weiter zur Schule gehen!"
Auch Bibi, Tina und Alex strahlen um die
Wette.

Nun müssen sie aber schnell zurück nach
Falkenstein! Luan und Ardonis erlauben Adea
sogar, mitzukommen. Denn sie geht ja weiter
zur Schule. Also hat sie jetzt auch Ferien!

Tohuwabohu total

Im nächsten Augenblick hext Bibi alle schnell auf den Schlosshof zurück. Jetzt haben sie wirklich allen Grund zum Feiern.

Sogar Graf Falko tanzt ausgelassen mit. Auch er ist glücklich. Das ist Sinan zu verdanken. Er hatte einen guten Vorschlag, wie der Umbau günstiger wird. Sinan will ja Architekt werden.

Bibi und Tina freuen sich. Aus so einem Tohuwabohu kann man also noch lernen! Großen Spaß bringt das riesige Durcheinander ja sowieso.

Die Autorinnen

Bettina Börgerding hat als Kind bergeweise Bücher gelesen. Danach wurden auch andere Dinge interessant, zum Beispiel Kino und Filme. Ihre Hobbys wurden ihr Beruf. Sie hat sich die Drehbücher zu allen Bibi & Tina-Filmen ausgedacht. Es hat ihr sehr viel Spaß gemacht, das Erstlese-Buch TOHUWABOHU TOTAL zusammen mit Wenka von Mikulicz zu schreiben. Gemeinsam mit ihrer Familie lebt sie in Berlin.

Wenka von Mikulicz arbeitet in einer Filmproduktion. Gemeinsam mit der Autorin Bettina Börgerding und dem Regisseur Detlev Buck hat sie die Drehbücher zu den Bibi & Tina-Filmen entwickelt. Sie hatte sehr viel Freude daran, das Erstlese-Buch TOHUWABOHU TOTAL mit Bettina Börgerding von der Leinwand aufs Papier zu bringen. Wenka von Mikulicz lebt mit ihrer Familie in Berlin.

Mein Bibi & Tina-Wunschzettel

Spannende Geschichten plus Pferde-Infos:

Vier Geschichten in einem Band:

Mein Bibi & Tina-Wunschzettel

Noch mehr Lesestoff mit den beiden Freundinnen ...

ISBN 978-3-12-949258-1

♡ Habe ich schon.
♣ Wünsche ich mir.

ISBN 978-3-12-949394-6

♡ Habe ich schon.
♣ Wünsche ich mir.

ISBN 978-3-12-949080-8

♡ Habe ich schon.
♣ Wünsche ich mir.

ISBN 978-3-12-949257-4

♡ Habe ich schon.
♣ Wünsche ich mir.

ISBN 978-3-12-949062-4

♡ Habe ich schon.
♣ Wünsche ich mir.

ISBN 978-3-12-949069-3

♡ Habe ich schon.
♣ Wünsche ich mir.

ISBN 978-3-12-949061-7

♡ Habe ich schon.
♣ Wünsche ich mir.

ISBN 978-3-12-949333-5

♡ Habe ich schon.
♣ Wünsche ich mir.

ISBN 978-3-12-949409-7

♡ Habe ich schon.
♣ Wünsche ich mir.

ISBN 978-3-12-949395-3

♡ Habe ich schon.
♣ Wünsche ich mir.

ISBN 978-3-12-949411-0

♡ Habe ich schon.
♣ Wünsche ich mir.

ISBN 978-3-12-949334-2

♡ Habe ich schon.
♣ Wünsche ich mir.

Erhältlich im Buchhandel.
Weitere Infos: www.klett-lerntraining.de

bibiundtina.de

DER SPASS GEHT WEITER ...

mit dem Spiel zum Film,

mit tollen Puzzles, 4 verschiedene Motive

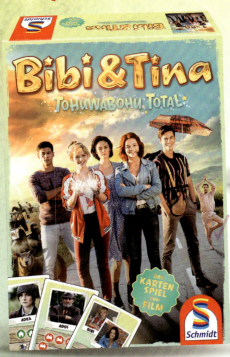